## Inchies – das ist Kreativität hoch 2!

Kein Wunder, dass das neue Bastelthema auch schon im Internet weit verbreitet ist. Hier werden Inchies getauscht, man spricht über neue Ideen und zeigt seine kleinen Meisterwerke allen Interessierten.

Erlaubt ist, was gefällt: Sie können verschiedenste Papiere, Wellpappe, Filz, Stoffe, Leder etc. verwenden. Zum Verzieren eignet sich alles, was auf einem Inchie Platz hat, z. B. Knöpfe, Perlen, Fertigteile, verschiedene Garne, Bänder und Borten, Strasssteine oder Zweige. Egal, ob Sie kleben, nähen, sticken,malen, ausstanzen oder ausschneiden - Ihrer Fantasie sind keine Grenzen gesetzt!

Ob Sie Ihre kleinen Kunstwerke dann auf Karten anbringen, sie zu einem größeren Gesamtbild arrangieren, ein Türschild mit ihnen dekorieren, sie auf Geschenkanhänger kleben oder mit anderen Fans tauschen, das bleibt jedem selbst überlassen.

Lassen Sie sich von meinen Ideen zu eigenen Kreationen anregen und entdecken Sie die Welt der Inchies für sich!

Viel Spaß beim Basteln wünscht Ihnen

Die Motive lassen sich in folgende Schwierigkeitsgrade unterteilen:
○ ○ ○ einfach ○ ○ ○ etwas schwieriger ○ ○ ○ anspruchsvoll

**IHRE GRUND-AUSSTATTUNG**
Folgende Materialien und Hilfsmittel werden für die meisten der gezeigten Inchies benötigt. Sie sollten sie zur Hand haben, denn sie werden in den einzelnen Materiallisten nicht gesondert angeführt.

- Geo®-Dreieck
- Cutter mit geeigneter Schneideunterlage (evtl. Schneidemaschine)
- feine Schere
- Reliefscheren
- Zackenschere
- Pinzette
- Seitenschneider
- UHU Kraft Alleskleber
- UHU por
- 3D-Klebepads
- Fotokleber
- Rückensäge
- feines Schmirgelpapier
- einige Wäscheklammern
- Vorstechnadel
- Nähnadel

**Hinweis:** Für die einzelnen Inchies benötigen Sie meist nur Reste, deshalb werden keine genauen Größenangaben gemacht.

# So wird's gemacht

## Inchies zuschneiden

**Aus Papier, Fotokarton, Filz etc.**
Die Inchies mithilfe von Geo®-Dreieck und Cutter auf einer Schneideunterlage zuschneiden. Das Material zuerst in 2,5 cm lange Streifen, diese dann in 2,5 cm lange Stücke schneiden. Alternativ kann für Papier eine Schneidemaschine verwendet werden. Die Ecken ggf. mit der Schere leicht abrunden.
Schöne Effekte werden erzielt, wenn die Inchies mit einer Reliefschere ausgeschnitten werden. Hier ist etwas Übung erforderlich, damit die Ränder und Ecken ein gleichmäßiges Muster aufweisen. Am besten einige Probestücke anfertigen.

**Tipp:** Noch schneller geht es mit einem Inch-Locher, den es mit glattem oder gewelltem Rand gibt.

**Aus Holz**
Inchies mit Bleistift und Geo®-Dreieck aufzeichnen. Mit einer Rücken- oder Dekupiersäge wie oben beschrieben zuerst in Streifen, dann in die einzelnen Inchies sägen. Ränder mit feinem Schmirgelpapier glätten.

**Aus Stoff**
Möchten Sie Inchies aus Stoff herstellen, sollten Sie sie zuerst auf den gewünschten Stoff mit Phantomstift vorzeichnen und dann ausschneiden. Zur Verstärkung je nach Stoffstärke vor dem Ausschneiden Vlieseline® auf die Rückseite bügeln oder den Stoff auf den Karton kleben. Sollen die Stoff-Inchies mit Zickzackstich mit der Nähmaschine umrandet werden, so umnähen Sie sie vor dem Ausschneiden. Auf diese Art kann sauberer gearbeitet werden. Mit der Nähmaschine können auch im Zickzack- oder Steppstich Linien und Muster aufgenäht werden. Dafür können Sie farblich passendes Garn oder Garn in einer Kontrastfarbe verwenden. Die Fadenenden müssen gut verknotet werden.

## Hintergründe gestalten

**Bemalen**

Mit Konturenfarbe können wirkungsvolle Effekte und Verzierungen auf die Inchies gemalt werden. Gemalt wird hauptsächlich vor Anbringen der Deko.

Schön sieht es auch aus, wenn nur die Ränder oder einzelne Flächen mit Kreide dezent betont werden. Kreide mit dem Finger, einem Pinsel oder einem Schwämmchen auftragen. Kanten werden oft mit Buntstift schattiert.

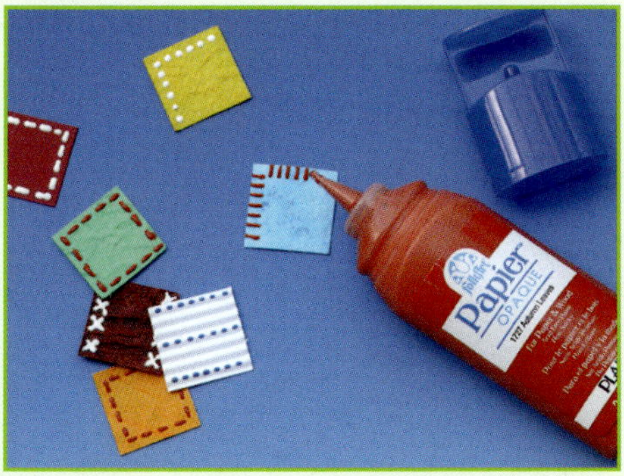

**Umsticken**

Filz, Leder, Stoff oder Karton kann gut von Hand mit einem einfachen Schlingenstich rundum oder auch nur an einzelnen Seiten versäubert oder verziert werden. Mit dem Kreuz- oder Stielstich werden Veränderungen aufgestickt.

Schlingenstich

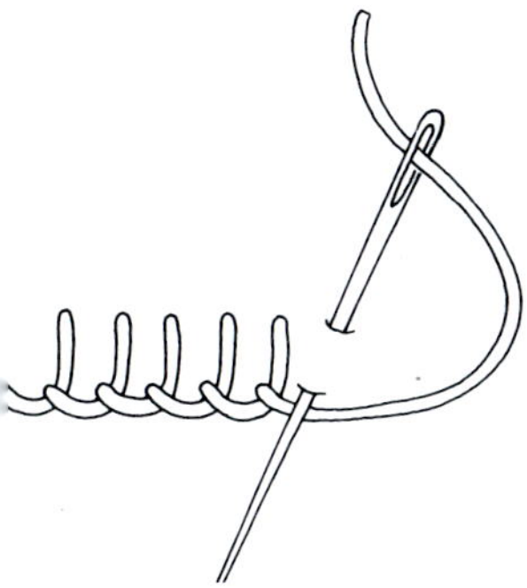

Kreuzstich

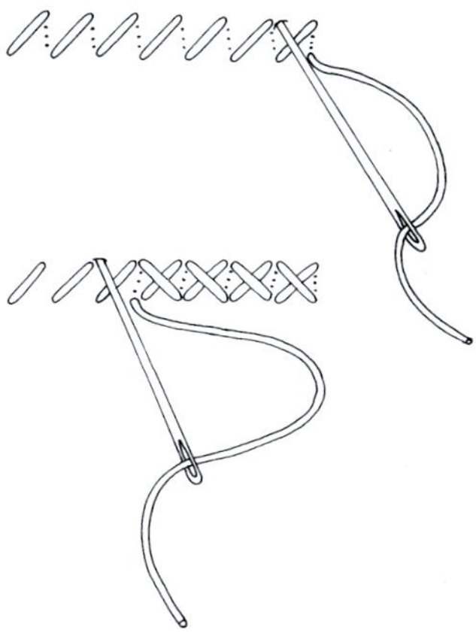

Stielstich

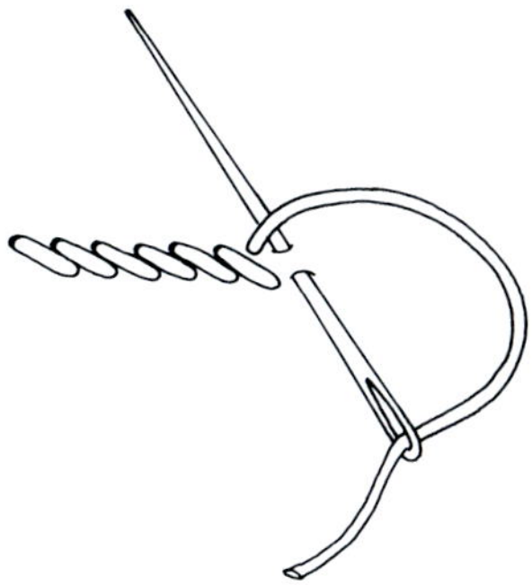

WEITERFÜHRUNG

# So wird's gemacht

**Mit Perlgarn bespannen**

Inchies aus Wellpappe werden meist vor dem Dekorieren mit Perlgarn bespannt. Dazu das Garnende auf der Rückseite ca. 10 cm lang lassen und gut festhalten. Auf der Vorderseite in die Vertiefungen der Wellpappe, senkrecht zu den Vertiefungen oder schräg, spannen. Auf der Rückseite die Fadenenden gut verknoten. Darauf achten, dass der Knoten auf der Rückseite nicht zu groß wird. Auf die gleiche Art können auch Inchies aus Papier bespannt werden.

**Sizoflor aufziehen**

Sizoflor wird gerne auf Inchies aus Karton aufgezogen. Dazu Alleskleber auf die Vorderseite des Inchies auftragen und den Sizoflor auflegen. Zwei Kanten auf die Rückseite schlagen und festkleben, dann die Ecken nach hinten schlagen und die anderen beiden Kanten festkleben. Zum Fixieren Wäscheklammern verwenden.

**Sizoflor aufnähen**

Den Sizoflor einige Millimeter größer zuschneiden, auf ein Inchie legen und mit der Nähmaschine oder von Hand annähen. Die Kanten gleichmäßig abschneiden.

## Verzierungen anbringen

**Motive zuschneiden**

Das gewünschte Motiv von der Vorlage auf Transparentpapier übertragen, auf ein Stück Karton kleben und dann exakt ausschneiden. Diese Schablone auf das gewünschte Material legen, den Umriss mit Bleistift nachziehen und dann ausscheiden.

Längs- oder Querstreifen mit einer Reliefschere zuschneiden. Für Dreiecke ein etwas kleineres Quadrat mit einer Reliefschere oder einer glatten Schere schräg halbieren. Auch Kreise können zurechtgeschnitten werden. Für zweifarbige Inchies ein schräg halbiertes Inchie auf ein Inchie in einer Kontrastfarbe kleben.

**Motive ausstanzen**

Wunderschöne Verzierungen können auch mit Motivlochern ausgestanzt werden. Es können sowohl die ausgestanzten Motive als auch die

Negativform, also das Papier, aus dem das Motiv gestanzt wurde (siehe z. B. Seite 9, zweites Inchie rechts unten), verwendet werden. Die Ränder als zusätzliches Highlight mit Kreide oder Farbstiften verschönern.

**Tipp:** **Damit die Motive lebendiger werden, können Sie sie nach Wunsch bemalen oder mit Buntstift oder Kreide schattieren.**

**Aufkleben der Verzierungen**

Mit Alleskleber Verzierungen aufkleben, die plan aufliegen sollen. Für einen dreidimensionalen Effekt Klebepads verwenden. Zum Aufkleben von Strasssteinen, Pailletten, Metallteilen etc. UHU por verwenden.

**Tipp:** **Für das Anbringen sehr kleiner Verzierungen ist eine Pinzette hilfreich.**

**Perlen aufnähen**

Kleine Perlen am besten aufnähen, damit sie sich nicht so leicht lösen. Dazu zuerst mit einer etwas größeren Stick- oder Vorstechnadel von vorne ein Loch in das Inchie stechen. Dann einen Faden von hinten mithilfe einer Nähnadel einziehen, das Fadenende ca. 10 cm lang auf der Rückseite hängen lassen und die Perlen je nach Wunsch einzeln oder mehrere hintereinander auf der Vorderseite auffädeln. Die Nadel wieder auf die Rückseite stechen und beide Fadenenden gut verknoten.

**Rückseite gestalten**

Werden die Inchies z. B. auf einen Keilrahmen, eine Karte oder in einen Rahmen geklebt, muss die Rückseite nicht zusätzlich gestaltet werden. Soll jedoch ein einzelnes Inchie z. B. verschenkt werden, sollte die Rückseite mit farblich passendem Karton, Filz etc. beklebt werden. Oder Sie kleben ein identisches Inchie auf die Rückseite.

**Inchies aufkleben**

Zum Aufkleben der Inchies auf die verschiedensten Untergründe werden am besten Klebepads oder Fotokleber verwendet.

**Hinweis:** **Beim Arrangieren der fertigen Inchies sind Ihrer Fantasie keine Grenzen gesetzt. In Dreier- oder Viererreihen, gerade oder auf der Spitze, im Quadrat oder Rechteck angeordnet, auf Karten, Geschenkanhängern, Türschildern, Bildern und mehr. Inchies sind unglaublich vielseitig!**

# Herzenssache

→ in Rot und Weiß

**MATERIAL FÜR DIE INCHIES**

- Fotokarton in Rot und Weiß, gemustert und einfarbig
- Wellpappe in Weiß
- Maulbeerbaumpapier in Rot und Weiß
- Sizoflor in Rot
- Perlgarn in Rot und Weiß
- Kordel in Weiß
- Satinband in Rot, 3 mm breit
- Herzchenband in Rot, 8 mm breit
- Wachsperle in Weiß, ø 3 mm
- Swarovski® Crystal-it in Kristall und Rot, ø 3 mm
- Swarovski®-Kristallblüte, ø 8 mm
- Glasstifte in Weiß, 6 mm lang
- Motivlocher: Herzen in verschiedenen Größen
- Buntstift in Rot
- Konturenfarbe in Rot

**AUSSERDEM**

- Bilderrahmen in Weiß, 20 cm x 26 cm
- Fotokarton in Weiß, 18 cm x 24 cm
- Passepartout aus Fotokarton in Rot, 18 cm x 24 cm, Innenausschnitt 13 cm x 16 cm

**VORLAGEN-BOGEN A**

1 20 Inchies aus den verschiedenen Kartons, Papieren und Pappe zuschneiden.

2 Schmale Papierstreifen in verschiedenen Breiten flach oder mit Klebepads gemäß der Abbildung auf den Inchies anbringen. Für die kleinen Dreiecke ein etwas kleineres Quadrat schräg halbieren und aufkleben. Ein zweifarbiges Inchie entsteht, wenn ein schräg halbiertes Inchie auf ein Inchie in einer Kontrastfarbe geklebt wird.

3 Die Herzen ausschneiden oder ausstanzen. Ggf. mit rotem Buntstift an den Rändern schattieren oder bemalen. Rote Punkte auf die erhabenen Rillen der weißen Wellpappe mit Konturenfarbe tupfen.

4 Schön sieht es aus, wenn Elemente mit Sizoflor bezogen werden oder wenn Perlgarn gespannt wird. Anschließend die Perlen aufnähen (siehe Seite 5) und die Strasssteine aufkleben.

5 Alle Inchies mit ca. 4 mm Abstand voneinander mit Klebepads oder Fotokleber mittig auf den weißen Fotokarton kleben, das Passepartout darauf kleben und das fertige Bild in den Rahmen geben.

Tipps: **Dieses Bild eignet sich toll als Hochzeitsgeschenk. Besonders, wenn Sie noch persönliche Daten oder die Namen des Brautpaares in die Gestaltung integrieren.**

**Ein ganz individuelles Geschenk lässt sich gestalten, wenn alle Gäste der Feier vorher ein Blanko-Inchie bekommen, dieses gestalten und daraus dann ein großes Bild zusammengestellt wird.**

Alisa

# Edles in Schwarz-Weiß

→ schlicht und elegant

**MATERIAL FÜR DIE INCHIES**

- Wellpappe, Moonrockpapier und Fotokarton in Weiß und Schwarz
- Konturenfarbe in Weiß und Schwarz
- Faden in Schwarz und Silber
- Perlgarn in Weiß
- Strassblüten in Kristall, ø 5 mm, und Strasssteine in Kristall, ø 3 mm und 4 mm
- Motivlocher: Quadrat oder Quadrat mit Wellenrand, 1,8 cm x 1,8 cm, und Schneekristall, ø 1,5 cm
- Stoffrest in Schwarz-Weiß kariert und in Schwarz
- Wollreste in Schwarz und Weiß
- verschiedene Perlen und Pailletten in Weiß und Schwarz
- Streuteile in Silber: Herzchen und Ringe
- Knopf in Weiß und in Schwarz-Weiß, ø 1 cm
- Flaumfeder in Weiß
- Dekostein in Weiß
- Silberglimmer
- Silberdraht, ø 0,3 mm

**AUSSERDEM**

- Keilrahmen, 20 cm x 20 cm
- Passepartout aus Baumwollpapier in Schwarz mit geprägtem Paisleymuster in Silber, 20 cm x 20 cm, Innenausschnitt 14 cm x 14 cm

**1** 16 Inchies aus Wellpappe, Moonrockpapier und Fotokarton ausschneiden.

**2** Die Inchies aus Wellpappe zuerst mit Konturenfarbe gemäß der Abbildung mit Pünktchen oder kleinen Strichen bemalen bzw. Silberglimmer auf die erhabenen Linien auftragen. Dann die Bespannung (siehe auch Seite 4) anbringen.

**3** Verschieden breite Streifen, ausgestanzte Quadrate mit und ohne Wellenrand oder die Negativform einer ausgestanzten Schneeflocke aufkleben. Für die kleinen Dreiecke ein etwas kleineres Quadrat schräg halbieren und aufkleben. Ein zweifarbiges Inchie entsteht, wenn ein schräg halbiertes Inchie auf ein Inchie in einer Kontrastfarbe geklebt wird.

**4** Den Stoff in eine Ecke eines Quadrates kleben, den Rand mit einer schmalen, mit der Zackenschere ausgeschnittenen Papierborte kaschieren.

**5** Die Perlen aufnähen, Pailletten, Steine, Ringe, Blüten, Strasssteine, Federn, Knopf, Wolle und Halbperlen können aufgeklebt werden.

**6** Die Inchies mit ca. 4 mm Abstand zueinander mit Klebepunkten oder Fotokleber auf dem Keilrahmen anbringen. Zum Schluss das Passepartout mit Alleskleber aufkleben.

**Tipps: Achten Sie beim Aufkleben der Dekorationen immer darauf, einige Teile mit 3D-Klebepunkten anzubringen und somit für einen dreidimensionalen Effekt zu sorgen.**

**Einzelne schwarz-weiße Inchies eignen sich sehr gut als Geschenkanhänger.**

Hinweis: Folgende Inchies sind auf anderen Seiten beschrieben:
1.Reihe: zweites von links und rechts außen (Seite 8),
3.Reihe: erstes von links und zweites von rechts (Seite 16)
4.Reihe: erstes von links (Seite 32), zweites und drittes von rechts (Seite 16)

# Inchie-Sammlung

→ bunt gemischt

**MATERIAL**

- Filz in Weinrot, Türkis, Gelb, Hell- und Dunkelgrün
- Leder in Rot
- Moonrockpapier in Rot
- Tonpapier in Blau-gestreift, Gelb, Weiß, Rot und Orange
- Stramin in Blau
- Sizoflor in Grün und Silber
- Stoffrest in Weiß-Rot kariert
- Stoffborte: Herzen in Rot, Blüten in Gelb
- Stoffblüte in Gelb
- Satinband in Weiß und Rot-Weiß kariert, 4 mm breit, 5 cm lang
- Spitzenborte in Weiß und Gelb
- Konturenfarbe in Gelb
- Motivstanzer: Blüte, ø 1,5 cm, Quadrat, 1,8 cm x 1,8 cm
- Perlgarn in Beige, Hellgrün, Hellblau und Blau
- Goldfaden
- Wolle in Türkis, Hell- und Dunkelgrün und Weiß
- Häkelgarn in Silber
- Silberdraht, ø 0,3 mm
- Plastikherz in Weiß, ø 1 cm
- Knopf in Rot, ø 1,2 cm und in Hellblau, ø 5 mm
- Silberperle, ø 4 mm
- 2 gemusterte Perlen in Blau, ø 5 mm
- Wachsperle, ø 2,2 und 6 mm
- 10 Plastikperlen in Blau, ø 3 mm
- Acryl-Strassblüten in Gelb, ø 5 und 10 mm und in Silber, ø 10 mm
- Flaumfeder in Hellrot und Gelb

1 Die Inchies aus den gewünschten Materialien zuschneiden. Einige Filz- und Lederinchies umsticken (siehe Seite 3).

2 Rote Inchies: Das Plastikherz zusammen mit der Flaumfeder und etwas Band aufkleben. Die Herzchen und das Dreieck aus weißem Karton bzw. Leder zuschneiden, von der Herzchenborte zwei Herzen abschneiden. Den Stoff mit der Zackenschere zuschneiden. Alles gemäß Abbildung plan oder mit Klebepads aufkleben.

3 Blaue Inchies: Für das Perlenkränzchen blaue Perlen auf Silberdraht aufziehen, die Drahtenden zu einem Kreis legen und durch je zwei Perlen zurückfädeln. Auf ein Drahtende die große Wachsperle ziehen, das Drahtende durch zwei kleine Perlen zurückfädeln. Die seitlichen Ränder mit Satinband bekleben und das Perlgarn spannen (siehe Seite 4). Das Kränzchen aufkleben.

4 Den Stramin im Kreuzstich besticken (siehe Seite 3), in der Mitte eine Silberperle aufnähen. Auf das türkisfarbene Inchie mittig einen Knopf zusammen mit einer Wollschleife nähen. Auf die Enden Perlen ziehen und verknoten. Auf das weiß umstickte Inchie Sizoflor kleben und die silberne Acryl-Strassblüte aufkleben.

5 Grüne Inchies: Auf das grüne Inchie kleine Filzdreiecke kleben, dann mit Sizoflor abdecken und rundum mit Goldfaden im Schlingenstich (siehe Seite 3) besticken. Für das Täschchen ein kleines Quadrat auflegen und alles mit Goldfaden umsticken, dabei an zwei Seiten das kleine Quadrat auf dem Inchie fixieren. Ein Stückchen weiße Spitze ins Täschchen stecken.

6 Gelbe Inchies: Die Blütestiele aufsticken, dann ausgestanzte Blüten mit einer Blütenmitte aus Konturenfarbe aufkleben.

# Im Ethno-Look

→ afrikanisch inspiriert

**MATERIAL**

- Leinwand oder Keilrahmen, 15 cm x 15 cm
- Maulbeerbaumpapier in Weiß, mit gezupftem Rand
- Filzstift in Schwarz
- Acrylfarbe in Gelb, Orange, Ocker, Umbra, Kupfer und Gold irisierend
- Bast in Natur
- Juteschnur in Natur
- Schneckenhäuschen
- Embellishment: Katze, ca. 2 cm lang
- Zaunwickenschoten
- Holzperlen in verschiedenen Formen und Farben
- Knochenperle in Natur, 1,2 cm lang
- Glasperle in Natur, 2,5 cm lang
- Fellrest in Natur oder Schafwolle
- Grasähre
- Swarovski® Crystal-it, selbstklebend, in Schwarz, verschiedene Größen
- Rundholzstäbchen oder Zweigchen

**VORLAGENBOGEN A**

1 Den Keilrahmen mit den Acrylfarben gemäß Abbildung bemalen. Nach dem Trocknen die Inchies ausschneiden und die Ecken leicht abrunden.

2 Auf einzelne Inchies mit Filzstift Motive malen. Das Maulbeerbaumpapier in Form reißen und zusammen mit einer Holzperle aufkleben. Auf ein Baststück Holzperlen fädeln, um ein Inchie legen und beide Enden auf der Vorderseite zusammenknoten. Auf ein Stück Juteschnur eine Perle fädeln und ebenso befestigen. Die große Perle auf Bast fädeln und diesen auf der Rückseite verknoten. Alle anderen Teile gemäß Abbildung aufkleben.

3 Die bemalten Inchies evtl. zusätzlich mit Crystal-it oder Perlen verzieren.

**Tipp: Die Ethno-Inchies wirken schön, wenn Sie sie auf ockerfarbenen Tonkarton mit strukturierter Oberfläche kleben.**

**MATERIAL**
- Maulbeerbaumpapier in Beige, Braun und Natur
- Lederpapier in Braun und Dunkelrot
- Batikpapier in Braun
- Kokospapier
- Scrapbooking-Papier „Schrift"
- alter Zeitungsausschnitt/-ausriss
- Foto in Schwarz-Weiß, ca. 1,6 cm x 1,6 cm
- Schriftzug aus Zeitschrift
- Stoffröschen in Weiß
- Leinenstoff in Natur
- Stickblüten in unterschiedlichen Formen und Farben
- Swarovski® Crystal-it in Orange und Kristall, ø 3 mm
- Embellishment: Rose, ca. 2 cm lang
- Poesie-Bilder: Blüten in Weiß und Rosa
- Nostalgischer Knopf in Weiß, ø 1,2 cm
- Wäscheknopf in Weiß, ø 6 mm
- Herzperle in Weiß, ø 1,4 cm
- Spitzenborte in Weiß, ca. 1,5 cm breit
- Silberperle, ø 6 mm
- 2 Holzblüten in Weinrot, ø 8 mm
- Perlgarn in Braun
- Seidenfaden in Weiß
- nostalgische Brosche
- Tortenspitze
- Holzscheiben
- Buntstifte in Braun und Schwarz
- Kreide in Gelb

# Nostalgisch und romantisch

## → mit liebevollen Details

1 Die Inchies aus den verschiedenen Papieren ausschneiden und bei einigen die Ränder mit Buntstiften schattieren.

2 Ein Stoffröschen in die Herzperle stecken und aufkleben. Einige Stickblüten mit Kreide Gelb schattieren. Die Poesiebildchen ausschneiden und auf ausgerissenes Maulbeerbaumpapier kleben. Den Zeitungsausschnitt am Rand ungleich abreißen. Kleinere Stücke des Leinenstoffes aufkleben.

3 Alle Teile gemäß der Abbildung aufkleben, den Knopf auf das mit der Spitze beklebte Inchie nähen. Den Wäscheknopf mit kontrastfarbigem Perlgarn aufnähen. Mit den Strasssteinen einzelne Akzente setzen.

4 Für das Inchie mit Foto den Seidenfaden mehrmals straff um das Inchie wickeln, die Rose und das Bild hinter den Faden stecken. Das Foto zusätzlich mit etwas Kleber sichern.

**Tipp:** Besonders romantisch wirken die Inchies, wenn Sie sie auf rosafarbenen, strukturierten Karton kleben.

Be
Mine

**MATERIAL FÜR DIE INCHIES**

- Fotokarton in verschiedenen Grün- und Orangetönen, in Grün-Weiß kariert und mit Grasdekor
- Motivlocher: verschiedene Blüten, ø 1,5 und 2,5 cm, Quadrat oder Quadrat mit Wellenrand, 1,8 cm x 1,8 cm
- Sizoflor in Hellgrün, Gelb und Orange
- Papierblüten in Gelb und Weiß, ø 1 cm
- gepresstes Gänseblümchen
- Perlgarn in Hellgrün und Orange
- Flaumfeder in Gelb
- Spitzenborte in Gelb, 2,5 cm breit
- Blüten-Stoffband in Bunt
- Stoffblüten in Gelb und Weiß, ø 2 cm
- Wollreste in Grüntönen
- Holzblüte in Weiß, ø 1,5 cm
- Strassblüten in Gelb, ø 5 mm und 10 mm
- Strasssteine in Gelb, ø 3 und 4 mm
- Swarovski® Crystal-it in Grün und Orange, ø 2 mm und 3 mm
- verschiedene Perlen in Grün und Orange, ø 3 mm
- Silberdraht, ø 0,3 mm
- Konturenfarbe in Weiß und Gelb

**AUSSERDEM**

- Fotokarton in Weiß, 30 cm x 30 cm
- Passepartout aus Fotokarton in Hellgrün, 30 cm x 30 cm, Innenausschnitt 18 cm x 8 cm

**VORLAGENBOGEN A**

# Blumenzauber

## → frisch und romantisch

**1** 16 Inchies aus verschiedenem Fotokarton zuschneiden. Das Sizoflor auf vier Inchies aufkleben, auf eines aufnähen (siehe Seite 4).

**2** Einige Ränder gemäß Abbildung mit Perlgarn umsticken oder mit der Nähmaschine umnähen (siehe Seite 2/3). Die gelbe Spitzenborte und die Federn aufkleben. Die Papier-, Stoff-, Strass- und Holzblüten sowie das getrocknete Gänseblümchen teilweise versetzt, plan oder mit Klebepads anbringen.

**3** Die restlichen Motive ausstanzen oder ausschneiden (Varianten für verschiedene Blüten auf dem Vorlagenbogen) und gemäß Abbildung auf den Inchies dekorieren. Die Blütenstiele entweder mit Perlgarn oder Wolle aufsticken oder Perlen auf Silberdraht fädeln und aufnähen (siehe Seite 3 und 5). Zum Schluss die Swarovski®-Kristalle aufkleben.

**4** Die Inchies auf den weißen Fotokarton kleben, diesen dann in das Passepartout kleben.

**Tipp: Einzelne oder mehrere Blüten-Inchies eignen sich auch gut als Verzierung für eine Glückwunschkarte oder einen Geschenkanhänger.**

## Im Ethno-Look
SEITE 13

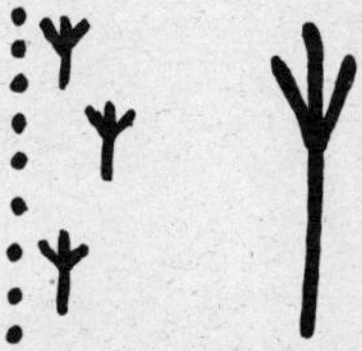

## Geheimnisvolles Asien
SEITE 19

Inge Walz
Inchies
Kreativ im Quadrat
BEST.-NR. 3726
VORLAGENBOGEN A

# Maritime Impressionen

SEITE 22

**Weberknoten**

1.

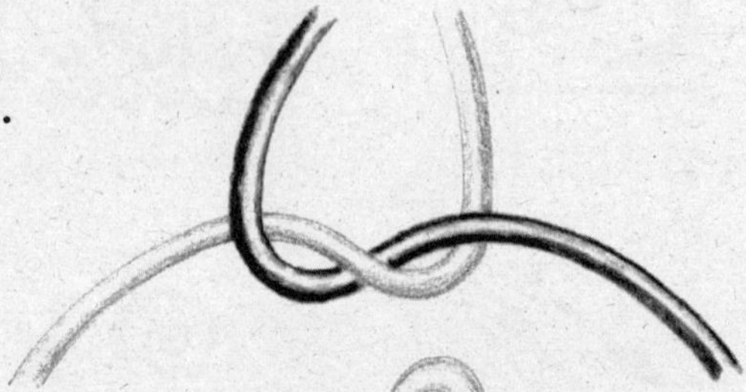

2.

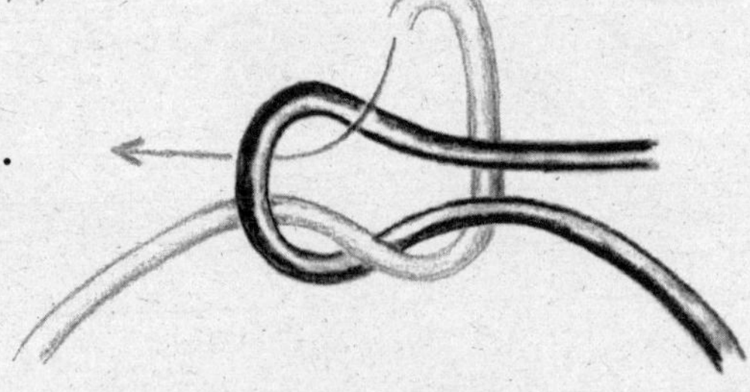

3.

TOPP

© frechverlag Stuttgart
Inge Walz
Inchies
Kreativ im Quadrat
BEST.-NR. 3726
VORLAGENBOGEN B

## Überhandknoten

## Flämischer Knoten

1.

2.

## Herzenssache

SEITE 7

## Blumenzauber

SEITE 17

# Geheimnisvolles Asien

→ in modernen Farben

**MATERIAL**

- Filz in Lila und Weinrot
- Tonkarton in Orange, Gold und Rosa-meliert
- Balsaholz, ca. 3 mm stark
- Fotos aus Zeitschriften (Japanerin und Vogel)
- Papier-Schmetterling in Rosa, ca. 1,8 cm breit
- Motivlocher: Raute, ca. 1,5 cm lang
- Acrylfarbe in Lila
- Sizoflor in Orange
- starke doppelseitige Klebefolie
- Flitter in Gold und Lila
- Malglitter in Kupfer, Rot und Lila
- 3 Knöpfe in Orange, ø 5 mm
- Bändchengarn im Farbverlauf
- Zackenlitze in Gold, ca. 3 mm breit
- Quaste in Gold, 2,5 cm lang
- Fadenrest in Lila
- Golddraht, ø 0,4 mm
- Pailletten: Blüten in Lila und Pink, Stern in Pink, ø 1,5 cm
- Pailletten in Rosa, Gold und Weinrot, ø 6 mm
- Häkelgarn in Gold
- Swarovski® Crystal-it in Pink, ø 5 mm
- Embellishment: Schlüssel, 2,2 cm lang, Vogel, 1,5 cm lang und Perle, ø 1 cm
- Perlen in Gold und Weinrot in unterschiedlichen Größen
- kleine Schnecken
- Glasstifte gedreht in Gold, 2,5 cm und 2 cm lang
- Feder in Orange

**VORLAGENBOGEN A**

1 2 Inchies aus Holz aussägen und mit Acrylfarbe bemalen. Die restlichen Inchies aus Filz oder Tonkarton ausschneiden. Einzelne Inchies nach Belieben mit Malglitter bemalen.

2 Für die Glitzerstreifen in unterschiedlicher Breite doppelseitige Klebefolie auf die Inchies kleben und mit Flitter bestreuen. Die Glasstifte und die Perlen aufnähen. Das Bändchengarn in Streifen um die Inchies wickeln, evtl. noch quer verweben und auf der Rückseite verkleben. Einige Inchies komplett oder teilweise mit Schlingenstichen (siehe Seite 3) umsticken.

3 Die Pailletten aufkleben, in der Mitte eine kleine Perle festkleben. Die Schnecke vor dem Aufkleben mit Malglitter bemalen. Die ausgestanzten Rauten (alternativ gemäß Vorlage ausschneiden) fixieren. Alle Teile gemäß der Abbildung oder nach Wunsch aufkleben.

**Tipp: Kleben Sie diese Inchies auf einen strukturierten altrosa Karton. Besonders hübsch kommen sie in einem ornamentalen Metall-Bilderrahmen zur Geltung.**

# Stimmungsvolle Winterzeit

→ Sterne und Eiskristalle

## MATERIAL FÜR DIE INCHIES

- Wellpappe in Gold
- Fotokarton in Blau und Silber
- Moonrockpapier in Weiß
- Malglitter in Gold, Silber und Kupfer
- Perlgarn in Weiß-Gold
- Effektgarn in Kupfer
- Silberfaden
- Faden in Weiß
- Strasssteine in Kristall, ø 3 mm und 4 mm
- Halbperle in Opal, ø 8 mm
- Wachsperlen in Weiß, ø 3 mm und 5 mm, und in Blau, ø 3 mm
- Silberperlen, ø 3 mm und 4 mm
- Metallsterne in Silber, ø 2 cm
- selbstklebende Sterne in Silber, Gold und Kupfer
- selbstklebende Sternchenborte in Silber
- Motivlocher: Schneekristall, ø 2,5 cm, Sterne, ø 1,2 cm, 1,4 cm, 1,8 cm und 2,5 cm

## AUSSERDEM

- Fotokarton in Weiß, 24 x 24 cm
- Passpartout aus Crinklepapier in Gold, 24 cm x 24 cm, Innenausschnitt 14 cm x 14 cm

1 16 Inchies teils aus Wellpappe, Fotokarton und Moonrockpapier ausscheiden.

2 Die goldfarbenen Inchies aus Wellpappe mit goldfarbenem Malglitter bemalen, dann mit weiß-goldenem Perlgarn bespannen (siehe Seite 4). Die silberfarbenen Perlen auf Perlgarn aufziehen und quer über ein Inchie spannen. Die Wachsperlen auf weißen Faden ziehen, in eine Rille legen und auf der Rückseite verknoten. Zwischen den Perlen weiß-goldenes Perlgarn spannen. Mit Klebepads das goldfarben geglimmerte Dreieck und die Sternchen anbringen. Die Halbperle und die Strasssteine direkt aufkleben.

3 Die blauen Inchies leicht silberfarben glimmern, dann mit Silbergarn bespannen. Den Metallstern mit Klebepads anbringen. Abwechselnd fünf blaue Wachsperlen und fünf Silberperlen (ø 4 mm) auf Silberdraht fädeln und zum Kreis schließen. Auf einen ausgestanzten oder ausgeschnittenen Stern in Silber kleben. Mit dem Motivlocher einen Schneekristall aus Tonpapier ausstanzen, darauf die Silberperlen nähen (siehe Seite 5) und dann mit Klebepads anbringen.

4 Die weißen Inchies aus Moonrockpapier mit Glimmer in Kupfer und Silber verzieren. Mit Effektgarn in Kupfer und Silber je ein Inchie umsticken (siehe Seite 3) und eines in Kupfer bespannen. Die Sterne ausschneiden oder ausstanzen. Ein kupferfarbenes Dreieck und die Sterne mit und ohne Klebepads anbringen. Die selbstklebenden filigranen Sterne mit Hilfe einer Pinzette anbringen, dann die Sternchenborte aufkleben. Die Strasssteine aufkleben.

5 Die Inchies in Viererreihen auf den weißen Fotokarton kleben, diesen dann in 6 mm Abstand hinter den Passepartout kleben.

**Tipp: Es sieht auch toll aus, wenn Sie z. B. nur mit silberfarbenen Inchies Weihnachtskarten oder ein Bild gestalten.**

# Maritime Impressionen

→ toll für Fundstücke

**MATERIAL FÜR DIE INCHIES**

- Moonrockpapier in verschiedenen Blautönen
- Tonkarton in verschiedenen Blautönen
- Maulbeerbaumpapier in Natur
- Zeitungsausschnitt: Qualle, Muschel oder Ähnliches
- Motivlocher: Segelschiff, ca. 1,5 cm hoch
- Muscheln, Schnecken, Seestern, kleiner Kieselstein, Sand
- Nähgarn in verschiedenen Blautönen
- Schnur in unterschiedlichen Stärken
- Rupfen in Natur
- Draht in Blau
- Bast in Blau
- Embellishment: Fischgräte, ca. 2 cm lang
- Wachsperlen in unterschiedlichen Größen
- Rocailles in Hellblau, ø 2,2 mm
- Flimmer in Silber und Türkis
- starke doppelseitige Klebefolie
- Buntstifte in Blau, Schwarz und Hellbraun

**AUSSERDEM**

- Holzrahmen in Weiß, 29,5 cm x 24,5 cm
- Tonkarton in Weiß, A4
- Seestern

**VORLAGENBOGEN B**

1 20 Inchies aus Moonrockpapier und Tonkarton ausschneiden. Einige mit der Nähmaschine mit Zickzackstich rundum verzieren. Manche Inchies, Muscheln und den Kieselstein mit Flimmer bemalen. Maulbeerbaumpapier ausreißen und aufkleben.

2 Den blauen Draht flechten und als Schnecke auf ein Inchie kleben. In eine besonders schöne Muschel, die zuvor geflimmert wurde, eine Perle einkleben.

3 Die Rocailles auf einen Faden fädeln und auf der Vorderseite in zwei Reihen um das Inchie legen, die Fadenenden auf der Rückseite verknoten. Das Segelschiff ausstanzen und aufkleben.

4 Ein Stück Schnur nach einigen Millimetern jeweils mit einem Knoten versehen und aufkleben. Verschiedene Knoten (siehe Vorlagenbogen) in ein Stück Schnur knüpfen und ebenfalls aufkleben. Die Perlen aufnähen oder aufkleben.

5 Auf Klebefolie Sand streuen und dann aufkleben. Die Flaschenpost gemäß Vorlage aus Tonpapier ausschneiden, bemalen und mit Klebepads befestigen. Alle weiteren Teile gemäß Abbildung oder nach Wunsch aufkleben.

6 Die Inchies auf dem weißen Tonkarton fixieren und alles in den Rahmen kleben. Den Seestern auf den Rahmen kleben.

# Feiern mit Inchies

→ mit allen Inchies umsetzbar

**MATERIAL FÜR DIE INCHIES**

- Fotokartonreste in hellen Grüntönen
- Papier-Fertigteile (Karen Marie) in Grün, Gelb und Weiß: Trolle in versch. Größen, ca. 1,2 cm bis 3 cm hoch, Blüten, ø 1 cm
- Motivlocher: Quadrat mit Wellrand, 2,5 cm x 2,5 cm, Quadrat oder Quadrat mit Wellenrand, 1,6 cm x 1,6 cm
- Viskosekordel in Hellgrün, ø 2 mm, 25 cm lang
- dicker Buntstift in Hellgrün
- Kreide in Gelb
- Schwämmchen
- Swarovski® Crystal-it in Grün und Orange, ø 2 mm und 3 mm
- Lochzange

**AUSSERDEM**

- Fotokarton in Weiß (für die Karten)
- Schreibmaschinenpapier

1 Die Inchies aus grünem Fotokarton ausstanzen. Weitere Einzelteile ausstanzen und ausschneiden. Mit Kreide und Buntstift schattieren. Die Schriftzüge auf Schreibmaschinenpapier drucken, auf die passende Größe zuschneiden und mit Buntstift die Ränder konturieren.

2 Für die Karten weiße Rechtecke aus Fotokarton zuschneiden, mittig anritzen und zur Doppelkarte falten: Einladungskarte, 30 cm x 10 cm, zu 15 cm x 10 cm, Tischkarte, 10 cm x 10 cm, zu 5 cm x 10 cm, Anhänger, 6 cm x 12 cm, zu 6 cm x 6 cm und Dankekärtchen, 10 cm x 7 cm, zu 5 cm x 7 cm. Die Ränder der Karten zuerst mit dem dicken Buntstift konturieren und dann mit dem Schwämmchen etwas gelbe Kreide auftragen. Ggf. in der oberen Ecke lochen, Kordel einziehen und verknoten.

3 Die Schriftzeile der Einladungskarte beidseitig mit je drei Blümchen schmücken. Sämtliche Beschriftungen, Blüten und Trolle mit Klebepads auf den Inchies anbringen. Dann noch mit Strasssteinen verzieren.

4 Für den Serviettenring einen Streifen Fotokarton (17 cm x 1 cm) zuschneiden, die Ränder grün konturieren und die Fläche mit Kreide bemalen. Die Enden mit Alleskleber zusammenkleben.

5 Die Inchies mit Klebepads gemäß Abbildung oder nach Wunsch auf die Karten kleben.

**Tipp: Der Fachhandel bietet eine riesige Auswahl an Fertigteilen aus Papier an. Lassen Sie sich zu eigenen Kreationen für die verschiedensten Anlässe anregen.**

Für dich
Einladung
Nadja
Danke

# Nostalgische Bildergalerie

→ mit liebevollen Details

**MATERIAL**

- Leinwand oder Keilrahmen, 10 cm x 10 cm
- Tonkarton in Orange und Braun
- Maulbeerbaumpapier in Braun und Natur
- Motivlocher: Quadrat mit Wellenrand, 1,6 x 1,6 cm
- Acrylfarbe in Orange, Umbra und Gold irisierend
- Bastrest in Natur
- Stoffblümchen in Orange, ø 1 cm
- Zackenlitze in Gold, 3 mm breit, 8 cm lang
- Perlgarn in Gelb
- Satinband in Orange, 3 mm breit, 6 cm lang
- Swarovski® Crystal-it in Kristall und Orange, ø 2 mm
- Papier-Fertigteil (Karen Marie): Entchen
- Paillette: Schriftzug „Baby“
- Embellishment: Rosen, ca. 2 cm lang
- Strassherz in Rot, ø 5 mm
- Goldstift
- Fotos in Schwarz-Weiß

**1** Den Keilrahmen im Farbverlauf Gold mit Orange und Umbra bemalen und 12 Inchies ausschneiden.

**2** Originalfotos, Fotokopien oder eingescannte und ausgedruckte Fotos dreimal in Inchiegröße ausschneiden oder mit dem Motivlocher ausstanzen.

**3** Alle Teile gemäß Abbildung oder nach Wunsch aufkleben und verzieren. Die Goldlitze auf die Rückseite umschlagen und dort verkleben. Das Satinband mit dem Goldstift unregelmäßig bemalen und an der unteren Ecke über Kreuz aufkleben.

**4** Ein Inchie an einer Ecke mit dem Perlgarn in Schlingenstichen (siehe Seite 3) umsticken und die Strasssteine aufkleben. Für das mittlere Inchie in der ersten Reihe ein Stück Leinwand oben und unten auf Tonkarton kleben, nach dem Trocknen das Foto einschieben.

**5** Die Paillette „Baby“ goldfarben bemalen und aufkleben. Die Fotos in Inchiegröße mit braunen Maulbeerbaumpapier-Streifen bzw. klein geschnittenen Baststreifen verzieren.

**Tipp:** Schön wirkt die Bildergalerie, wenn Sie alles auf beigefarbenen, strukturierten Karton kleben. Sehr dekorativ wirkt auch ein zusätzliches Passepartout in einem dunkleren Farbton.

BABY

# Natur pur

→ in gedeckten Farben

**MATERIAL**

- Maulbeerbaumpapier in Beige, Natur und Brauntönen
- Lederpapier in Braun
- Fotokarton mit strukturierter Oberfläche in Beige
- Moonrockpapier in Grau
- Kokospapier in Natur
- Batikpapier in Braun
- Naturleinenstoff
- Naturmaterialien wie: Hagebutten, Zaunwickenschoten, Schneckenhäuschen, Grasähre, Samen, getrocknete Blätter, Federn, Aststückchen, getrocknete Lavendelblüten, Kirschkerne, Akeleifruchtstände, Flechten
- Holzknopf, ø 1,6 cm und 0,6 cm
- Holzperlen in Braun, ø 4 mm
- Silberdraht, ø 0,4 mm
- Bast in Natur
- Buntstifte in Braun und Schwarz

**1** 20 Inchies aus den verschiedenen Papieren ausschneiden und teilweise mit der Nähmaschine im Zickzack- oder Steppstich umnähen oder Linien aufnähen. Die Ränder einiger Inchies mit Buntstiften konturieren.

**2** Quadrate oder Streifen in kleineren Größen aus Karton oder Leinenstoff ausschneiden, dann die Teile aus Karton teilweise mit Buntstift konturieren. Alles aufkleben, teilweise mit Klebepads. Aus Leinenstoff einzelne Stückchen ausreißen, leicht ausfransen und aufkleben. Die Holzperlen mit Draht anbringen (dazu Löcher vorstechen, siehe Seite 5) oder alternativ aufkleben.

**3** In den großen Knopf ein Baststück fädeln und auf der Vorderseite verknoten. Den kleinen Knopf mit Draht umwickeln. Alle Naturmaterialien aufkleben, größere Teile, wie z. B. die Hagebutten, mit Draht befestigen.

**Tipp: Kleben Sie die Inchies auf Maulbeerbaumpapier in Natur.**

# Buntes Alphabet

→ vielseitig einsetzbar

**MATERIAL**

- Scrapbooking-Papier: Alphabet
- Regenbogen-Fotokarton
- Dekostifte in Rot, Blau, Weiß und Gelb
- dicke Buntstifte in vielen Farben
- Strang Perlgarn in Bunt meliert

**1** 26 Inchies aus Regenbogen-Fotokarton ausschneiden. Die Ränder mit passenden Buntstiften schattieren und die Verzierungen gemäß Abbildung mit Dekostiften aufmalen.

**2** Die Buchstaben als Quadrate (1,7 cm x 1,7 cm) ausschneiden, die Ränder ebenfalls mit Buntstiften schattieren. Nun die Buchstaben mit Klebepads auf die Inchies kleben.

**3** Das Perlgarn zu einer ca. 1 m langen Kordel drehen, darauf die Inchies mit Alleskleber kleben.

**Tipp: Buchstaben-Inchies eignen sich toll zum Gestalten von Türschildern und individuellen Karten.**

# Edles Notizbuch

→ tolle Geschenkidee

**MATERIAL FÜR DIE INCHIES**

- Filz in Gelb, Hellgelb, Hellbraun, Beige und Dunkelgrün
- Fotokarton in Hellgrün
- Stoffblüte in Orange, ø 8 mm
- Silber- und Goldfaden
- Rocailles in Silber, ø 2,2 mm
- Motivlocher: Quadrat mit Wellenrand, 2,5 cm x 2,5 cm, und Quadrat, 1,8 cm x 1,8 cm
- Rundkopfklammer: Blume in Hellgrün, ø 12 mm

**AUSSERDEM**

- Adress- oder Telefonbuch in Hellgrün, 9,5 cm x 14,5 cm
- Satinband in Gelb, 2 mm breit, 25 cm lang
- Satinkordel in Gelb, ø 2 mm, 40 cm lang

WEITERFÜHRUNG

## Edles Notizbuch

**1** Fünf Inchies und die Einzelteile aus Filz zuschneiden. Die Filzinchies und das Kleeblatt mit Schlingen- oder Knopflochstich (siehe Seite 3) umsticken.

**2** Beim Kleeblatt den Stiel und die Blattadern mit Stielstich umsticken, dann aufnähen.

**3** Das einzelne Blatt und seinen Stiel im Stielstich besticken, dann aufnähen.

**4** Die Perlen aufsticken, den Stiel im Stielstich arbeiten.

**5** Die Stoffblüte auf das kleine Quadrat kleben, dieses versetzt auf das große Inchie nähen.

**6** Die Inchies mit Alleskleber auf das Buch kleben, dann die Satinkordel straff um den Buchdeckel spannen und die Enden miteinander verknoten.

**7** Für das Buchzeichen das Satinband im Buch festkleben. Mit dem Cutter mittig in das ausgestanzte Papierquadrat einen Schlitz ritzen, in diesen die Klammer stecken und hinten umbiegen. Das Papierquadrat mit Alleskleber auf des Inchie kleben, dabei das Band dazwischen mit einkleben.



**IMPRESSUM**

FOTOS: frechverlag GmbH, 70499 Stuttgart, Seite 7, 8, 10, 17, 20, 25, 30, 32 und Titel: Fotostudio Ullrich & Co., Renningen; Seite 13, 15, 19, 22, 23, 27, 29: Albfotografie Martin Fehrle, Bad Urach; Seite 2–5 und 12: Armin Täubner

DRUCK: frechdruck GmbH, 70499 Stuttgart



| | | | | | |
|---|---|---|---|---|---|
| Auflage: | 5. | 4. | 3. | | |
| Jahr: | 2012 | 2011 | 2010 | 2009 | [Letzte Zahlen maßgebend] |

ISBN 978-3-7724-3726-7
Best.-Nr. 3726